BEI GRIN MACHT SICH IHR
WISSEN BEZAHLT

- Wir veröffentlichen Ihre Hausarbeit,
  Bachelor- und Masterarbeit

- Ihr eigenes eBook und Buch -
  weltweit in allen wichtigen Shops

- Verdienen Sie an jedem Verkauf

Jetzt bei www.GRIN.com hochladen
und kostenlos publizieren

Julia Hetzel

Aus der Reihe: e-fellows.net stipendiaten-wissen

e-fellows.net (Hrsg.)

Band 356

Stilmittel der modernen Romanerzählung

GRIN Verlag

Bibliografische Information der Deutschen Nationalbibliothek:

Die Deutsche Bibliothek verzeichnet diese Publikation in der Deutschen National-
bibliografie; detaillierte bibliografische Daten sind im Internet über http://dnb.d-
nb.de/ abrufbar.

Impressum:

Copyright © 2009 GRIN Verlag GmbH
Druck und Bindung: Books on Demand GmbH, Norderstedt Germany
ISBN: 978-3-656-09512-5

Dieses Buch bei GRIN:

http://www.grin.com/de/e-book/184421/stilmittel-der-modernen-romanerzaehlung

Stilmittel der modernen Romanerzählung

Julia Hetzel

Jahrgangsstufe 13

Inhalt

1.   Einleitung

In der folgenden Ausarbeitung möchte ich mein Thema zunächst genauer definieren, um
deutlich zu machen, womit ich mich beschäftigen werde. Ich möchte die Entwicklung des
Romans aufzeigen, wobei ich auf die verschiedenen Stilmittel eingehen werde. Für die
Untersuchung der „modernen Romanerzählung" berücksichtige ich die Vertreter der
klassischen Moderne. Hierbei konzentriere ich mich auf eine begrenzte Auswahl an Autoren,
die diese Zeit charakteristisch geprägt und somit neue Stilmittel populär gemacht haben.
Meine Arbeit hat dementsprechend das 20. Jahrhundert als Schwerpunkt.

2.   Definitionen

a) Roman [1] [2] :

Das Wort „Roman" kommt aus dem Altfranzösischen („roman") bzw. aus dem
Spanischen („romance") und bedeutet „in romanischer Volkssprache, nicht in Latein,
abgefasste Dichtung". Es handelt sich hierbei um eine epische Großform in Prosa, die
eine der am spätesten entwickelten Gattungen darstellt. Heute ist der Roman
aufgrund seiner Wandelbarkeit [3] die verbreiteteste Form. Er stammt vom Epos ab,
unterscheidet sich aber im Wesentlichen in der Prosa- und Versform der Sprache
(Prosaepik).

inhaltlich: *„Ein Roman entwirft vielschichtige Bilder von Menschenschicksalen in
ihrem geschichtlichen Umfeld."* [4]

Entstehung des Romans: Der Roman wird nach der Erfindung des Buchdrucks zur
Massenware, da sich das stille Lesen ausbreitet und damit das Vorlesen verdrängt.
Nach Theodor W. Adorno ist der Roman die *„spezifische Form des bürgerlichen
Zeitalters"* [5], weil *„das neue Selbstbewusstsein des bürgerlichen Menschen"* [6] zum
Ausdruck kommt.

b) Stil [7] :

Der „Stil" stammt von dem lateinischen Wort „stilus" ab, was man mit
„Schreibgriffel" oder *„Schreibweise"* übersetzt. Es handelt sich um eine

3

---

[1] vgl. (Wilpert), S.691
[2] vgl. (Duden Literatur), S.101
[3] s. Anhang: „Romangattungen"
[4] (Duden Literatur), S.18
[5] (Duden Literatur), S.101
[6] (Duden Literatur), S.101
[7] vgl. (Wilpert), S.787

„charakteristische, einheitliche Ausdrucks- und Gestaltungsweise bei der sprachl.[ichen] Prägung e.[ines] Kunstwerks" [8].

c) Stilmittel [9]:

Ein Stilmittel ist eine rhetorische Figur, ein sprachliches Gestaltungsmittel, das gezielt vom Autor eingesetzt wird, um eine bestimmte Wirkung beim Leser zu erzeugen.

Um den ständigen Wandel und die Weiterentwicklung der Stilmittel zu verdeutlichen, gebe ich einen kurzen Überblick über die Romanentwicklung. Besonders deutlich werden die unterschiedlichen Intensionen de Autoren, die mit der Verwendung besonderer Stilmittel einhergehen.

3.   Entwicklung des Romans [10]

Abenteuerliche Ritterromane

Zum Ende des 13. Jahrhunderts bildet sich der Roman als eigenständige epische Form neben dem Epos heraus. Dadurch verschwindet das Epos allmählich. Der abenteuerliche Ritterroman entwickelt sich zum Unterhaltungsmedium der Oberschicht. Die unteren Schichten vergnügen sich mit Volksbüchern wie z.B. „Till Eulenspiegel" (1515). Es folgt u.a. der weltbekannte Roman „Don Quijote" (1605/15) von Miguel de Cervantes.

Schelmenroman

Mitte des 16. Jahrhunderts entsteht der Schelmenroman nach spanischem Vorbild („Leben des Lazarillo de Tormes"). Im Mittelpunkt steht immer der „picaro" (spanisch für Schelm), der seine Gegner, die meist aus der Oberschicht stammen, an der Nase herumführt. Der erste bedeutende deutsche Roman ist der pikareske Roman „Der abentheuerliche Simplicissimus Teutsch" (1668) von Hans Jacob Christoffel von Grimmelshausen. Er handelt vom naiven „Simplicius Simplicissimus", aus dessen Perspektive von der Zeit des 30-jährigen Krieges erzählt wird. Beispiele der amerikanischen Literatur sind die Romane „The Adventures of Tom Sawyer" (1876) und „Adventures of Huckleberry Finn" (1885). Thomas Mann entwickelt den Schelmenroman durch eine Ironisierung [11] weiter, was in „Die Bekenntnisse des Hochstaplers Felix Krull" (1954) zum Ausdruck kommt. Dem Held dieses Romans gelingt durch gekonnte Vereinnahmung und Täuschung anderer Menschen (vor allem Frauen) der gesellschaftliche Aufstieg. Der spätere Fall lässt allerdings nicht lange auf sich warten.

Nach dem 2. Weltkrieg erscheinen Heinrich Bölls „Ansichten eines Clowns" (1963) sowie „Die Blechtrommel" (1959) von Günter Grass, die eine rückblickende Kritik an den Weltkriegen

---

[8] (Wilpert), S.787
[9] vgl. (Wikipedia)
[10] vgl. (Literatur)
[11] s. Stilmittel „Ironie"

und an den kleinbürgerlichen Verhältnissen zulassen, indem aus der begrenzten Ich-Perspektive [12] des Helden erzählt wird.

Das Schema des Schelmenromans setzt sich sogar noch nach der deutschen Wende fort, und zwar in „Helden wie wir" (1996) von Thomas Brussig. Auch hier wird die begrenzte Sicht des Ich-Erzählers [13] eingesetzt, damit der Leser die Realität mit den Ansichten der Hauptperson vergleichen kann. Diese ist nämlich der Meinung den Fall der Mauer verantwortet zu haben. Aufgrund des historischen Hintergrunds jedoch kann der Leser die wahren Begebenheiten entgegensetzen.

Entwicklungsroman oder Bildungsroman

Hierbei handelt es sich um eine deutsche Erfindung, die ähnlich wie der Schelmenroman aufgebaut ist. Johann Wolfgang Goethes „Wilhelm Meisters Lehrjahre" (1795/96) ist als Prototyp anzusehen, in dem das Humanitätsideal [14] im Mittelpunkt steht. Der Held durchläuft einen Reifungs- und Bildungsprozess, um sich am Ende als nützlich für die Gesellschaft zu erweisen. Im 19. Jahrhundert wird dieser Romantypus zur häufigsten Form. Betrachtet man aber die moderne Romanerzählung, lässt sich sagen, dass der Bildungsroman seine positive Funktion fast ganz eingebüßt hat. Er lässt sich nur als durch Ironie [15] veränderte Abwandlungen finden. Beispiele sind „Berlin Alexanderplatz" (1929) von Alfred Döblin oder „Zauberberg" (1924) von Thomas Mann, der seinen Helden durch einen Aufenthalt in einem Sanatorium von der Gesellschaft isoliert.

Gesellschaftsroman

Der Gesellschaftsroman ist eine Weiterentwicklung des vorigen Romantypus, da eine kritische Analyse der Verhältnisse in der Gesellschaft hinzugefügt wird. In Deutschland ist er durch die Satiren „Professor Unrat" (1905) und „Der Untertan" (1918) von Heinrich Mann vertreten.

Historischer Roman

Die Quelle von historischen Romanen sind historische Ereignisse, die durch Weglassen oder Verdichten verändert werden, um etwas Bestimmtes zu betonen und/oder historische Personen. Dabei liegt es in der künstlerischen Freiheit des Autors, diese Ereignisse in eine fiktionalisierte Umwelt einzuspannen. Während der Zeit des Faschismus erringt der historische Roman neue Bedeutsamkeit, da meist emigrierte Schriftsteller ihre Abneigung zum Regime historisch unterlegen: „Henri Quatre" (1935-38) von Heinrich Mann, „Joseph und seine Brüder" (1933-43) von Thomas Mann. Auch die Autoren der DDR bedienen sich dem Mittel, ihre Romane vor Zensur und Druckverbot zu schützen, indem sie diese historisch „überdecken". Dadurch können sie sich kritisch mit der Diktatur von Staat und Partei

---

[12] s. Stilmittel „Ich-Erzähler"
[13] s. Stilmittel „Ich-Erzähler"; „Der moderne dt. Roman verzichtet zumeist auf die Objektivität des allwissenden Erzählers zugunsten der bescheidenen Ich-Perspektive (BÖLL, [...], GRASS,[...]." (Wilpert), S.360
[14] „Humanität (lat. humanitas = Menschlichkeit), Ausbildung reinster Menschlichkeit im Dienste der Menschheit gilt in der dt. Klassik als Lebensideal [...]" (Wilpert), S. 355
[15] s. Stilmittel „Ironie"

auseinandersetzen. Beispiele sind „Der König und sein Narr" (1975) von Martin Stade oder Christa Wolfs „Kassandra" (1983).

Trivial- und Unterhaltungsliteratur

Nachdem der Bildungsfaktor immer mehr schwindet und die Unterhaltung im Vordergrund steht, wächst der Markt gegen Ende des 20. Jahrhunderts für Kriminal- und Abenteuerliteratur, Arztromane, Liebesromane, Horrorgeschichten, Agententhriller, Science-Fiction- und Fantasy-Romane.
Trotzdem kann es sich auch bei einem Unterhaltungsroman um große Literatur handeln („Der Name der Rose" (1980) von Umberto Eco, „1984" von George Orwell).

4.   Der Roman der Moderne [16] [17] :

Die klassischen Romanformen haben sich demensprechend zu neuen weiterentwickelt. Thomas Mann, der als bedeutender Autor des 20. Jahrhunderts gilt, hat zwar eine Vielfalt von Erzähltechniken benutzt, ist dem auktorialen Erzählen [18] aber treu geblieben. So z.B. auch Heinrich Mann oder Hermann Hesse. Anderen Autoren jedoch erscheint eine harmonisch chronologische Reihenfolge aufgrund des Krisengefühls im Jahrhundert der Weltkriege als unangebracht. Sie gelten als Vertreter der klassischen Moderne.

„Ulysses" (1922) von James Joyce zeichnet sich durch neue Erzähltechniken aus. Dieser handlungsarme Roman konzentriert sich auf die Wiedergabe von Sinneseindrücken und Erinnerungen. So benutzt er beispielsweise Alltagssprache und drückt die assoziativen Gedanken des Unterbewusstseins durch den „Stream of consciousness" [19] aus. Der Monolog erstreckt sich über 70 Seiten, ohne Verwendung von Satzzeichen. Dieser Autor gilt sogar als Erfinder des Gestaltungsmittels. Erzählzeit und erzählte Zeit fallen bei ihm zusammen. Dieser Stil ist dem **Surrealismus**, der stark von Freuds Traumdeutung geprägt ist, zuzuordnen. Es handelt sich hierbei um eine Strömung, die nach dem Ersten Weltkrieg entstanden ist. Hauptmotiv ist das Tiefenbewusstsein, das im Traum „sichtbar" wird.

Alfred Döblin, ein Arzt und Wissenschaftler, konzentriert sich auf den Wissenschaftsstil und verfolgt damit ein Sachlichkeitskonzept. Er verleiht seinem Zeitroman „Berlin Alexanderplatz" (1929) [20] durch die Montagetechnik [21], die ein surrealistisches Element darstellt, etwas Besonderes. Er bezweckt das Chaos der Großstadt dadurch besser herauszustellen. Unter Einsatz der literarischen Technik der Collage (Montage) werden sprachlich, stilistisch und inhaltlich unterschiedliche Textbausteine so zusammengestellt, dass gleichzeitig stattfindende Ereignisse oder Handlungen dargestellt werden können, um die fragmentarische Empfindung des modernen Großstadtlebens in Berlin darzustellen.

6

---

[16] vgl. (Literatur)
[17] vgl. (Abiturwissen Literatur), S.365 - 386
[18] s. Stilmittel „auktoriales Erzählen"
[19] s. Stilmittel „Stream of consciousness"
[20] s. Anhang
[21] s. Stilmittel „Montagetechnik"

Dieser Roman gilt in vielfacher Hinsicht als moderner Roman: nicht nur wegen der Abkehr vom traditionellen Helden und der Durchbrechung des chronologischen Erzählens, sondern auch wegen der Verbindung von Alltagsbeschreibungen mit der Beschreibung technischer Errungenschaften und der Wiedergabe von Berliner Statistiken. Döblin montiert unterschiedliche Stilebenen zusammen, indem er von Hochdeutsch zum Berliner Jargon wechselt. Verschiedene Perspektivwechsel erfolgen ebenfalls, auktoriales, personales und neutrales Erzählverhalten [22] lassen sich in seinem Roman wiederfinden. Die Montagetechnik erfährt ihren Höhepunkt dadurch, dass Schlagertexte, Bibelpassagen, Werbeslogans, Zeitungsberichte, Firmenprofile und Klassikerzitate eingebaut sind. [23] [24] Ebenso wie bei Joyce wird der Bewusstseinsstrom als modernes Stilmittel eingesetzt.

> *„Der Schweiß auf seiner Stirn! Die Angst, wieder! Und plötzlich rutscht ihm der Kopf weg. Bumm, Glockenzeichen, Aufstehn, 5 Uhr 30, 6 Uhr Aufschluß, bumm bumm, rasch noch die Jacke bürsten, wenn der Alte revidiert, heute kommt er nicht. Ich wer bald entlassen. Pst, du, heut nacht ist eener ausgekniffen, Klose, das Seil hängt noch draußen über die Mauer, sie gehen mit Polizeihunde."* [25]
> (Alfred Döblin, „Berlin Alexanderplatz")

Döblins Stil zeichnet sich durch die Konzentration auf die Realität aus, da er der Meinung ist, der Autor müsse neutral bleiben, wobei er jedoch wisse, dass eine vollständige Objektivität des Autors nicht möglich sei.

„Berlin Alexanderplatz" „beschreibt" die Geschichte von Franz Biberkopf, der als Beispiel aus der Menschenmasse der Großstadt entnommen wird, um letztendlich der Masse wieder zugefügt zu werden, nachdem er exemplarisch für seine Zeit vorgeführt wurde.

> *„Er ist aus dem Gefängnis, wo er wegen älterer Vorgänge saß, entlassen und steht nun wieder in Berlin und will anständig sein.*
> *Dies gelingt ihm auch anfangs. Dann aber wird er, obwohl es ihm wirtschaftlich leidlich geht, in einen regelrechten Kampf verwickelt mit etwas, das von außen kommt, das unberechenbar ist und wie ein Schicksal aussieht.*
> *Dreimal fährt dies gegen den Mann und stört ihn in seinem Lebensplan.*
> *Wir sehen am Schluß den Mann wieder am Alexanderplatz stehen, sehr verändert, ramponiert, aber doch zurechtgebogen.*
> *Dies zu betrachten und zu hören wird sich für viele lohnen, die wie Franz Biberkopf in einer Menschenhaut wohnen und denen es passiert wie diesem Franz Biberkopf, nämlich vom Leben mehr verlangen als das Butterbrot."* [26]
> (Alfred Döblin, „Berlin Alexanderplatz", Vorspruch)

---

[22] s. Stilmittel „auktoriales Erzählen", „personales Erzählen", „neutrales Erzählen"
[23] vgl. (Xlibris)
[24] vgl. (Wikipedia)
[25] (Abiturwissen Deutsch), S.111
[26] (Literatur)

Ein neuer „Teil der Moderne-Bewegung des 20. Jahrhunderts" [27] wird deutlich: die **Neue Sachlichkeit**. Diese Strömung der Zeit der Weimarer Republik gründet vor allem auf dem Lebensgefühl in den Großstädten. Mit Sachlichkeit wird sachliches, realitätsgebundenes Schreiben und Objektivität durch Beobachtung verbunden.

Ein weiterer Autor der Moderne, Franz Kafka, kann aufgrund seines neuen, modernen Erzählstils ebenfalls der Neuen Sachlichkeit zugeordnet werden. Er ist berühmt für seine extrem deutungsoffenen Parabeln [28], von denen er folgendes sagt:

> *„Alle diese Gleichnisse wollen eigentlich nur sagen, dass das Unfassbare unfassbar ist, und das haben wir gewusst."*
> (Franz Kafka, „Von den Gleichnissen")

Seine Werke befassen sich mit Metaphern [29] um Schuld und Strafe, Gesetz und Macht, die allerdings sehr schwer zu lesen sind, weil sie vielmehr schon als Chiffren [30] gelten, was einen eindeutigen Schluss auf ihre Bedeutung nicht zulässt. Die Ratlosigkeit des Lesers ist die des Helden. Die Hoffnung und der Wunsch des Menschen auf einen guten Ausgang finden in seinen Geschichten keinen Zugang.

Im Gegensatz hierzu stehen die Parabeln von Brecht, die kein Ohnmachtsgefühl verdeutlichen wollen, sondern die aufklärerische Absichten verfolgen.

Wenn der Herr K. einen Menschen liebte

> *„Was tun Sie", wurde Herr K. gefragt, „wenn Sie einen Menschen lieben?"*
>
> *„Ich mache einen Entwurf von ihm", sagte Herr K., „und sorge, dass er ihm ähnlich wird."*
>
> *„Wer? der Entwurf?"*
>
> *„Nein", sagte Herr K., der Mensch."*
>
> (Berthold Brecht, „Geschichten vom Herrn Keuner")

Das Beispiel zeigt, dass Brecht ein „eingreifendes Denken" bezweckt. Er bringt den Leser zum Nachdenken, z.B. über dessen Menschenbild oder ob man seinen Partner so akzeptiert wie er ist.

Uwe Johnson nimmt sich die Vertreter der klassischen Moderne zum Vorbild und kennzeichnet seinen Roman „Mutmaßungen über Jakob" (1959) durch eine subjektive Erzählperspektive, Perspektivwechsel, Wechsel der Zeitebenen und die Polyphonie [31].

---

[27] (Abiturwissen Literatur), S. 367
[28] s. Stilmittel „Parabel"
[29] s. Stilmittel „Metapher"
[30] s. Stilmittel „Chiffre"
[31] „Mehrsprachigkeit"

Deshalb war dieser in der DDR verboten. In seinem anderen Werk „Jahrestage" (1970 –
1983) wechseln auktoriales und dialogisches Erzählen ab.

Weitere Neuerungen bringt der französische „Nouveau Roman" in den 1950er Jahren durch
Autoren wie z.B. Michel Butor oder Raimond Queneau. Sie widmen sich neuen
Erzähltechniken, die eine objektive Schreibweise, also den Verzicht auf Subjektivität,
bedeuten. Eine exakte Schilderung der durch unsere Sinne wahrnehmbaren Welt hat zur
Folge, dass es keine Chronologie und keine Charakterisierung der Personen mehr gibt.

Um den Autor Thomas Mann wieder aufzugreifen, der wie schon angedeutet, nicht zur
Neuen Sachlichkeit gehört, lässt sich sagen, dass er mehr die „wirklichkeitsgetreue
Darstellung der Welt" [32] (**Realismus**) beabsichtigt. Der kritische Realismus befasst sich auch
mit sozialkritischen Sichtweisen, die in die Betrachtung der Welt miteinbezogen werden.

Im folgenenden Abschnitt werden die Stilmittel und das Erzählverhalten der modernen
Autoren näher definiert.

5.   Stilmittel und Erzählverhalten

a) Ironie :

„(griech.[isch] eironeia = Verstellung), die komische Vernichtung eines berechtigt oder
unberechtigt Anerkennung Fordernden, Erhabenen durch Spott, Enthüllung der
Hinfälligkeit, Lächerlichmachung, unter dem Schein der Ernsthaftigkeit, der Billigung
oder gar des Lobes, die in Wirklichkeit das Gegenteil des Gesagten meint und sich zum
Spott der gegnerischen Wertmaßstäbe bedient, doch dem intelligenten Hörer oder
Leser als solche erkennbar ist [...]." [33]

b) Ich – Erzähler [34] :

Diese Darstellungsform wird auch als „Ich-Roman" oder „Ich-Form" benannt, wobei
der Erzähler die Erlebnisse des Helden als selbsterlebt schildert, sodass sie fast
autobiographisch erscheinen. Es handelt sich jedoch um keine geschichtlich
nachgewiesene Biographie, sondern vielmehr um erfundene Erzählungen, die
dadurch einen symbolischen Charakter erhalten. Diese Art der Erzählung verzichtet
demnach auf einen allwissenden Erzähler, da die Perspektive begrenzt ist.

In diesem Zusammenhang lässt sich der Egotismus erwähnen, denn ein Egoist ist in
der Literatur *„ein Verfasser von Romanen der Ich-Form, die oft der Selbsterforschung*
und –darstellung dienen." [35]

---

[32] (Abiturwissen Literatur), S.384
[33] vgl. (Wilpert), S.377
[34] vgl. (Wilpert), S.360

c) auktoriales Erzählen [36]:

Der Erzähler greift als kommentierender, allwissender Erzähler ins Geschehen ein. Es handelt sich daher um das Gegenteil eines objektiven Erzählers und der Ich-Form.

„Damit haben wir unseren Mann glücklich nach Berlin gebracht. Er hat seinen Schwur getan, und es ist die Frage, ob wir nicht einfach aufhören sollen." [37] (Alfred Döblin, „Berlin Alexanderplatz")

d) personales Erzählen [38]:

Beim personalen Erzählverhalten nimmt der Erzähler aus der Sichtweise einer oder mehrerer Personen scheinbar am Geschehen teil.

„An der Haltestelle Lothringer Straße sind eben eingestiegen in die 4 vier Leute, zwei ältliche Frauen, ein bekümmerter einfacher Mann und ein Junge mit Mütze und Ohrenklappe. Die beiden Frauen gehören zusammen, es ist Frau Plück und Frau Hoppe." [39] (Alfred Döblin, „Berlin Alexanderplatz")

e) neutrales Erzählen [40]:

Es handelt sich um eine objektive Sichtweise des Geschehens, d.h. der Erzähler nimmt keine individuelle Sichtweise ein.

„Ein Herr in Hemdsärmeln kommt vom Billardtisch, tippt dem Jungen auf die Schulter: ‚Eine Partie?' Der Ältere für ihn: ‚Er hat einen Kinnhaken weg.'" [41] (Alfred Döblin, „Berlin Alexanderplatz")

f) Stream of consciousness [42] [43]:

Aus dem Englischen übersetzt, ist es der *„Bewusstseinsstrom"*. Dieser lässt sich definieren als *„Erzähltechnik des modernen Romans, die Gedanken und Bewusstseinsvorgänge in spontan-assoziativer und in ungeordneter Form wiedergibt."* [44] In England entwickelte sich dieses Stilmittel Anfang des 20. Jahrhundert aus dem inneren Monolog, um Träume und unterbewusste Vorgänge zu schildern. Die Ich-Form wird verwendet, da sich der Erzähler zurückzieht und die Figur ihren Gedanken, Gefühlen, Erinnerungen und Eindrücken überlässt. Hier zeigt sich der Einfluss der Erkenntnis von Freud zur Psychoanalyse, die sich mit dem Unterbewussten des Menschen befasst. Außerdem ist meist weder eine grammatische Struktur noch eine zeitliche Chronologie mehr vorhanden, denn der

---

[35] (Wilpert), S.202
[36] vgl. (Wilpert), S. 57
[37] (Abiturwissen Deutsch), S.107
[38] vgl. (Abiturwissen Deutsch), S.108
[39] (Abiturwissen Deutsch), S.108
[40] vgl. (Abiturwissen Deutsch), S.108
[41] (Abiturwissen Deutsch), S.108
[42] vgl. (Abiturwissen Literatur), S. 89, S.366
[43] vgl. (Wilpert), S.793
[44] (Abiturwissen Literatur), S.366

„Stream of consciousness" läuft nach der psychologischen Regel der freien Assoziation ab. Die innere Logik des Textes ist genauso unwichtig wie die Syntax.

g) **erlebte Rede** [45] :

Die erlebte Rede, die in der 3. Person Singular, im Präteritum und im Indikativ verfasst ist, soll die Distanz zum Leser verringern und einen tiefen Einblick in die Gefühls- und Gedankenwelt ermöglichen.

„Jemand musste Josef K. verleumdet haben, denn ohne dass er etwas Böses getan hätte war er eines Morgens verhaftet. Die Köchin der Frau Grubach, seiner Zimmervermieterin, die ihm jeden Tag gegen acht Uhr früh das Frühstück machte, kam diesmal nicht. Das war noch niemals geschehen." [46]
(Franz Kafka, „Der Prozess")

h) **Montagetechnik** [47] :

Die Montagetechnik entspricht der Collage der modernen Kunst, wobei allerdings keine Materialschnipsel zusammengeklebt werden. Auf die Literatur übertragen, bedeutet dies, dass Texte mit Anspielungen, Zitaten oder Wendungen kombiniert werden. Dadurch soll erreicht werden, dass das Thema neue Horizonte hinzugewinnt.
„Die Technik der literarischen Montage ist eine Bezeichnung für das Zusammenfügen unterschiedlicher Texte oder Textteile, die unterschiedliche, oft Sprachebenen und -stile bzw. Inhalte transportieren." [48]

i) **Parabel** [49] [50] :

Den Ursprung findet dieses Wort im griechischen Wort „parabole" (Vergleichung, Gleichnis). Die Parabel zählt zu den epischen Kurzformen, wobei ein Vergleich zu einem Erzähltext vergrößert wird. Anders als bei der Fabel, handelt sie von Menschen und die Moral ist auch nicht ausdrücklich so ausführlich formuliert. Es bleibt vielmehr dem Leser überlassen, die Lehre aus der Geschichte herauszufiltern, d.h. die Bildebene auf die Gedankenwelt anzuwenden und dann Analogieschlüsse auf die persönliche Wirklichkeit zu ziehen. Die Parabel stellt dementsprechend mehr dar als nur einen ersichtlichen Gegenstand. Ihr Gehalt kommt sich erst auf der gedanklichen Ebene zum Vorschein. Die Merkmale der Parabel sind *„ihre lehrhaften Züge, ihre Kürze, der antithetische Aufbau und die zweckgerichtete Stilisierung und Verknappung der Schilderung."* [51]

---

[45] vgl. (Abiturwissen Deutsch), S.111
[46] (Kafka), S.5
[47] vgl. (Wilpert), S.144, „Collage"
[48] (Wikipedia)
[49] vgl. (Wilpert), S.580
[50] vgl. (Literatur)
[51] (Literatur)

j) Metapher :

Die Metapher („Übertragung") ist der *„bildliche[r] Ausdruck für e.[inen] Gegenstand [...], e.[ine] Eigenschaft oder e.[in] Geschehen"* [52]. Sie gilt als *„die dichterischste Form der rhetorischen Figuren"* [53]. Es entsteht ein Sprachbild, indem ein Wort aus einem Zusammenhang in einen anderen übertragen wird.

k) Chiffre [54] **:**

„Stilfigur des Wirklichkeitsschwundes: emblemartig abkürzende Zeichen [...], deren Bedeutung aus dem Textzusammenhang hervorgeht, diesen aber erst verständlich macht."

6. Schluss [55]

Schlussendlich sieht man die enge Verknüpfung zwischen der Aussageabsicht der Romane und der darin verwendeten Stilmittel. Die moderne Romanerzählung ist von neuen Strömungen, die speziell durch die zwei Weltkriege geprägt sind, gekennzeichnet. Diese historischen Ereignisse haben sich nicht nur auf die Themen ausgewirkt, sondern auch auf den Stil der Schriftsteller, die sich vom Konservativen, Geordneten abgewandt haben. Es handelt sich demnach um eine Anpassung der Stilmittel an die Verhältnisse der jeweiligen Zeit.

Es lässt sich sagen, dass die weitere Entwicklung des Romans sowie der Stilmittel in alle Richtungen offen bleibt. Der Film und die Massenmedien üben den größten Einfluss aus, was z.B. die Montagetechnik, die an die Schnitttechnik erinnert, zeigt. Weiterhin öffnet das Internet eine völlig neue Welt, in der sich Texte verwirklichen können.

12

---

[52] (Wilpert), S.506
[53] (Wilpert), S.506
[54] vgl. (Wilpert), S.135/136
[55] vgl. (Literatur)

Literaturverzeichnis

Abiturwissen Deutsch. Stuttgart: Klett Verlag, 2008.

Abiturwissen Literatur. Mannheim: Dudenverlag, 2007.

Duden Literatur. Basiswissen Schule. Mannheim: Brockhaus AG, 2002.

Franz Kafka. 28. Oktober 2008 <http://www.rab-net.com/literatur/franz%20kafka.jpg>.

James Joyce. 27. Oktober 2008 <http://www.masters-of-photography.com/images/full/abbott/abbott_james_joyce.jpg>.

Kafka, Franz. Der Prozess. Husum: Hamburger Lesehefte Verlag, 2005.

Literatur. Basiswissen Schule. 25. August 2008 <www.schuelerlexikon.de>.

Thomas Mann. 28. Oktober 2008 <http://www.deutsches-filmhaus.de/filme_einzeln/g_einzeln/geissendoerfer/zauberberg_pl1.jpg>.

Wikipedia. 25. Oktober 2008 <http://de.wikipedia.org>.

Wilpert, Gero von. Sachwörterbuch der Literatur. Stuttgart: Alfred Kröner Verlag, 1979.

Xlibris. 25. Oktober 2008
<http://www.xlibris.de/Autoren/Doeblin/Werke/Berlin%20Alexanderplatz>.

Anhang

Romangattungen (Auswahl)

phantastischer Roman	Abenteuerroman	historischer Roman	Zeitroman	Bildungsroman/ Entwicklungsroman
Abenteuerroman	Schelmenroman	Abenteuerroman	Bewusstseins- roman	Gesellschafts- roman
utopischer Roman	Detektivroman	Liebesroman	nouveau roman	Reiseroman
Science-Fiction- Roman	Robinsonade	Briefroman	Liebesroman	
Schauerroman	Reiseroman	Reiseroman	Reiseroman	
gothic novel	Ritterroman	Robinsonade	Briefroman	
Fantasyroman	Kriminalroman	Kriminalroman	Kriminalroman	
Horrorroman	Kriegsroman	Kriegsroman	Kriegsroman	Kriegsroman
		Künstlerroman	Künstlerroman	Künstlerroman

Abbildung 1 [56]

James Joyce:

Abbildung 2 [57]

---

[56] (Duden Literatur), S.101

Abbildung 3[58]

Franz Kafka:

Abbildung 4[59]

---

[57] (James Joyce)
[58] (Literatur)
[59] (Franz Kafka)

Filmplakat (nach dem Roman von Thomas Mann):

Abbildung 5[60]

---

[60] (Thomas Mann)